500 FRASES
EN ITALIANO PARA
APRENDER EN
5 DÍAS

© Editorial De Vecchi, S. A. 2019

© [2019] Confidential Concepts International Ltd., Ireland

Subsidiary company of Confidential Concepts Inc, USA

ISBN: 978-1-64461-452-5

Stefano Donatelli,
bajo la dirección de Robert Wilson

500 FRASES
EN ITALIANO PARA
APRENDER EN
5 DÍAS

dve
PUBLISHING

Índice

INDICE

ÍNDICE

Introducción

Este libro recoge un completísimo compendio de vocabulario y frases que resulta imprescindible conocer a todo aquel que se plantee viajar a Italia.

La selección de vocabulario y frases que aquí se recogen ha sido cuidadosamente estudiada, teniendo en cuenta las dos premisas fundamentales que definen la estructura de la obra:

— en primer lugar, se ha pretendido que la realización del proyecto sea en todo momento viable, y para ello se ha buscado el número justo de términos que pueden ser aprendidos a la velocidad que requiere el método;
— por otro lado, la selección de temas se ha llevado a cabo sin perder de vista que el libro pretende ser una guía de conversación para el viajero, y como tal establece los grupos de contenidos en función de las necesidades que a este se le pueden presentar.

Teniendo en cuenta que la memorización juega un papel importante en este aprendizaje, es preciso estudiar sistemáticamente sin interrupción y trabajar bien desde el principio, pero, sobre todo, es necesario no desalentarse frente a las primeras dificultades.

Cualquier persona está capacitada para aprender, con un poco de constancia, voluntad y entusiasmo. Todos los sacrificios quedarán compensados por la satisfacción de entender y hablar otra lengua.

Pronunciación

El alfabeto italiano está formado por veintiuna letras.

a	b	c	d	e	f	g
[a]	[bi]	[ci]	[di]	[e]	[effe]	[gi]

h	i	l	m	n	o	p
[acca]	[i]	[elle]	[emme]	[enne]	[o]	[pi]

q	r	s	t	u	v	z
[cu]	[erre]	[esse]	[ti]	[u]	[vi o vu]	[zeta]

Las letras *j* (i lunga), *y* (ipsilon), *k* (cappa), *x* (ics) y *w* (vu doppia) sólo se utilizan en palabras de origen extranjero.

Las vocales

Las vocales son cinco: **a, e, i, o, u.** La pronunciación de estas es igual que la del español.

Las consonantes

B: tiene su propia pronunciación, que conviene no confundir con la de la **v,** como sucede en español. La **b** es consonante bilabial [b] y se pronuncia con los dos labios cerrados, mientras que la **v** es consonante labiodental [v] y se pronuncia rozando el labio inferior con los dientes superiores (de forma similar a como se pronuncia una *f*). Por ejemplo:

bello
[bel-lo]
bello

11

vendere
[vendere]
vender

C: esta consonante tiene, delante de las vocales **a, o, u,** el mismo sonido que en castellano. Por ejemplo:

cantare
[kantare]
cantar

conte
[konte]
conde

cubo
[kubo]
cubo

Conserva este mismo sonido delante de **i, e,** cuando entre la consonante y la vocal se interpone una **h.** Por ejemplo:

pechinese
[pekinese]
pequinés

schermo
[skermo]
pantalla

Si una **c** doble precede a una vocal fuerte o una **h,** también se pronuncia con el sonido **k.** Por ejemplo:

apparecchio
[ap-parek-kio]
aparato

Por el contrario, la **c** se pronuncia como la **ch** castellana delante de **e, i.** Por ejemplo:

cera
[tʃera]
cera

vicino
[vitʃino]
vecino, cerca

Igualmente, cuando entre la **c** o la **c** doble y la vocal fuerte se intercala una **i,** también se pronuncia como la **ch** castellana. Por ejemplo:

cucciolo
[kutʃolo]
cachorro

G: tiene, al igual que la **c,** dos sonidos. Se pronuncia como la del castellano ante **a, o, u**. Por ejemplo:

gola
[gola]
garganta

Conserva este mismo sonido delante de **e, i** cuando se interpone una **h** entre la consonante y la vocal, formando *ghe*, *ghi*, que se pronuncian como las formas castellanas *gue*, *gui*. Por ejemplo:

ghiotto
[giot-to]
glotón

Sin embargo, tiene sonido palatal sonoro [dj] ante **e, i**. Por ejemplo:

geloso
[djeloso]
celoso

ginocchio
[djinok-kio]
rodilla

Conserva este mismo sonido delante de **o, a, u** cuando se interpone una **i** entre la consonante y la vocal. Por ejemplo:

giovane
[djovane]
joven

Cuando se encuentran juntas dos **g (gg),** se aplican las reglas anteriores.

Cuando a la **g** la siguen los diptongos **ue, ui,** se produce una diéresis y se pronuncian las dos vocales consecutivas, tal como ocurre en español con las palabras *vergüenza* y *agüero.* Por ejemplo:

guerra
[guer-ra]
guerra

guida
[guida]
guía

El grupo **gl,** delante de **a, e, o, u,** tiene el mismo sonido que en castellano. Por ejemplo:

gladiatore
[gladiatore]
gladiador

Delante de la **i** tiene dos sonidos: uno como la palabra *anglicano* en castellano, que se da, por ejemplo, en las palabras *negligente* (negligente) y *glicerina* (glicerina); y otro como la **ll** española [λ], en todas aquellas palabras en que la **i** forma diptongo con la vocal siguiente. Por ejemplo:

famiglia
[famiλa]
familia

consiglio
[konsiλo]
consejo

figlio
[fiλo]
hijo

El grupo **gn** corresponde a la pronunciación castellana de la **ñ** [η]. Por ejemplo:

sogno
[soηo]
sueño

ogni
[oηi]
cada

H: propiamente, la **h** no tiene sonido. Cuando acompaña a **c** y **g** ante **e, i,** hace que estas consonantes se pronuncien sordas. Por ejemplo:

chiesa
[kieza]
iglesia

ghiro
[giro]
lirón

Q: va siempre seguida de **u** y de otra vocal; esta **u** se pronuncia siempre, y corresponde al sonido de las formas castellanas *cua*, *cue*, *cui*, *cuo* (cuello, oblicuo). Por ejemplo:

quindici
[kuindit∫i]
quince

quaderno
[kuaderno]
cuaderno

Si le precede una **c,** refuerza su sonido. Por ejemplo:

acqua
[ak-kua]
agua

R: cuando es doble, se pronuncia con fuerza; cuando es sencilla o está situada al principio de una palabra, se pronuncia como en castellano.

S: tiene dos sonidos: uno sordo y otro sonoro. Es **s** sorda [s] cuando se halla al principio de palabra, cuando es doble y cuando va seguida de las consonantes **c, q, t, p, f.** Por ejemplo:

sale
[sale]
sal

orso
[orso]
oso

scala
[skala]
escalera

stato
[stato]
estado

spada
[spada]
espada

sfida
[sfida]
desafío

Su sonido es sonoro [z] cuando se encuentra entre dos vocales, o bien delante de las consonantes sonoras **g, d, b, v.** Por ejemplo:

rosa
[roza]
rosa

bisogno
[bizoɲo]
necesidad

sguardo
[zguardo]
mirada

sdegno
[zdeɲo]
desdén

Se la llama líquida o impura cuando precede a una consonante. En este caso hay que evitar la analogía fonética con la sílaba es del español. Así pues, la palabra *studio* se pronunciará [studio], y no [estudio], como si tuviese la vocal **e.**

La **s** líquida, delante de una **c** seguida de vocal, suena como la **ch** francesa [ʃ] en las voces *charité, chasse.* Por ejemplo:

sciupare
[ʃiupare]
malgastar

sciopero
[ʃiopero]
huelga

scena
[ʃena]
escena

scivolare
[ʃivolare]
resbalar

T: se pronuncia igual que en castellano.

V: tal como ya se ha comentado en el caso de la **b,** hay que procurar no confundir la pronunciación de estas dos consonantes.

Z: ofrece dos tipos de pronunciación: una sonora [dz] y otra sorda [tz]. Es sonora, por ejemplo, en:

zucchero
[dzuk-kero]
azúcar

zio
[dzio]
tío

Es sorda en el siguiente ejemplo:

grazioso
[gratzioso]
gracioso

También es sorda en otras muchas palabras en las que se halla do-blada, como por ejemplo:

pazzo
[pattso]
loco

spazzare
[spattsare]
barrer

pezzo
[pettso]
pedazo

La **z** italiana no tiene en ningún caso el sonido dental de la caste-llana.

Consonante doble

Las consonantes dobles, muy comunes en italiano, constituyen otra gran dificultad, porque, a excepción de la **h,** todas las consonantes pueden duplicarse para producir sonidos reforzados. En castellano sólo se advierte la diferencia entre consonantes dobles y simples en las palabras que tienen doble **r.** (Hay muy pocas palabras con doble **n,** y generalmente son compuestas: *innegable, innocuo, innovar, perenne, innovación, innovador, innumerable, innominado, innominable, innoble, innato, innatural, innavegable, innecesario.*)

Acentuación

La falta de acentos ortográficos que indiquen la sílaba tónica de cada palabra crea una primera dificultad para quien se dispone a estudiar el idioma italiano. El único acento que se señala siempre en italiano es el de las palabras agudas, es decir, aquellas en las que el acento recae en la última sílaba. Para llegar a leer correctamente las palabras, se requieren una larga práctica y la ayuda del diccionario. En la lengua escrita, el acento comúnmente empleado es el grave **(ì).** Hay escritores que usan preferentemente el signo agudo en vez del grave, pero es una mera cuestión de forma. La mayor parte de las palabras italianas son llanas y, salvo escasas excepciones, terminan en vocal en su forma natural.

Primera lección

Desenvolverse bien en el país al que se viaja, sin que el idioma se convierta en un impedimento para la comunicación, constituye un elemento esencial para disfrutar plenamente del viaje. Esta lección aborda el principio de la aventura y presenta una cuidada selección del vocabulario más útil y las frases habituales en italiano para desenvolverse con soltura en el aeropuerto, la estación, el puerto..., y durante la estancia en el hotel.

Sesión de mañana
De viaje

Vocabulario

frontiera frontera	*aereo* avión
dogana aduana	*atterraggio* aterrizaje
passaporto pasaporte	*decollo* despegue
autorizzazione visado	*hostess* azafata
dichiarare declarar	*arrivo* llegada
aeroporto aeropuerto	*partenza* salida

bagaglio equipaje	*nave* barco
valigia maleta	*cabina* camarote
deposito bagagli consigna	*cuccetta* litera
biglietteria taquilla	*macchina* automóvil
stazione estación	*ruota di ricambio* rueda de recambio
treno tren	*motore* motor
binario vía	

Frases

En la aduana

Il suo passaporto, per piacere.
Su pasaporte, por favor.

I miei dati personali sono...
Mis datos personales son...

Mi accompagnano mia moglie e mio figlio.
Me acompañan mi mujer y mi hijo.

Conto di rimanere dieci giorni in questo paese.
Pienso estar diez días en este país.

Ha qualcosa da dichiarare?
¿Tiene algo que declarar?

24

Non ho niente da dichiarare.
No tengo nada que declarar.

Posso chiudere la valigia?
¿Puedo cerrar la maleta?

È tutto conforme.
Está todo conforme.

En el aeropuerto

Dov'è lo sportello di Iberia?
¿Dónde está la ventanilla de Iberia?

Vorrei una prenotazione per il prossimo volo in partenza per...
Deseo una reserva para el próximo vuelo a...

A che hora parte l'aereo per…?
¿A qué hora sale el avión para... ?

Vorrei un posto vicino al finestrino.
Quisiera un asiento junto a la ventanilla.

La sua carta d'imbarco, prego.
Su tarjeta de embarque, por favor.

A che ora atterriamo?
¿A qué hora aterrizamos?

Dove posso trovare un carrello per i bagagli?
¿Dónde puedo encontrar un carro para el equipaje?

Le mie valigie non sono ancora arrivate.
Mis maletas no han llegado.

A quale ufficio devo rivolgermi?
¿A qué oficina debo dirigirme?

En el tren

Un biglietto di andata e ritorno per Roma, per piacere.
Un billete de ida y vuelta a Roma, por favor.

A che ora parte il treno?
¿A qué hora sale el tren?

Da quale binario parte il treno per...?
¿De qué andén sale el tren hacia...?

È diretto?
¿Es directo?

Quale stazione è questa?
¿Cuál es esta estación?

Qual è la prossima fermata?
¿Cuál es la siguiente parada?

C'è una carrozza ristorante?
¿Tiene vagón restaurante?

È libero questo posto?
¿Está ocupado este asiento?

Questo è il mio posto.
Este es mi asiento.

En el barco

Quali sono i giorni di partenza del traghetto da Genova?
¿Qué días sale el ferry de Génova?

A quale ora parte / arriva la nave?
¿A qué hora sale / llega el barco?

Quanto tempo dura la traversata?
¿Cuánto dura la travesía?

È obbligatoria la prenotazione?
¿Hace falta reserva?

Voglio prenotare due cabine di prima classe.
Quiero reservar dos camarotes de primera clase.

Da che banchina parte?
¿De qué muelle sale?

Bisogna trovarsi nel porto con molto anticipo?
¿Se ha de estar en el puerto con mucha antelación?

Il mare è calmo?
¿El mar está tranquilo?

Patisco il mal di mare.
Me mareo.

Tarderemo molto per poter sbarcare?
¿Tardaremos mucho en poder desembarcar?

En el coche

Vorrei noleggiare una macchina.
Querría alquilar un coche.

Qual è il costo per giorno / chilometro?
¿Cuál es el precio por día / kilómetro?

Il chilometraggio illimitato è incluso nel prezzo.
Kilometraje ilimitado incluido en el precio.

Soltanto per oggi / per quattro giorni.
Sólo para hoy / para cuatro días.

Che tipo di assicurazione ha?
¿Qué tipo de seguro tiene?

Questa è la strada per Milano?
¿Esta es la carretera de Milán?

C'è qui vicino una stazione di servizio?
¿Hay cerca de aquí una gasolinera?

Il pieno, per favore.
Lleno, por favor.

La mia macchina è in panne.
Mi coche se ha averiado.

Ho avuto un incidente a sei chilometri da qui.
He sufrido un accidente a seis kilómetros de aquí.

Può rimorchiare la mia macchina?
¿Puede remolcar mi coche?

Quanto tempo ci vuole per ripararla?
¿Cuánto tardará en arreglarlo?

Cerchi di ripararla al più presto, La prego.
Haga el arreglo lo antes que pueda.

Per favore, controlli la pressione dei pneumatici.
Por favor, revise la presión de los neumáticos.

Sesión de tarde
Alojamiento

Vocabulario

albergo	*ostello*
hotel	albergue

pensione pensión	*cassetta di sicurezza* caja fuerte
prenotazione reserva	*piscina* piscina
receptionist recepcionista	*toilette* aseo
camera habitación	*bagno* baño
chiave llave	*rumoroso* ruidoso
ascensore ascensor	*tranquillo* tranquilo
lavanderia lavandería	*caro* caro
coperta manta	*vestibolo* vestíbulo
lenzuola sábana	*piano* planta
asciugamano toalla	*cameriera* camarera
cuscino almohada	*conto* factura
messaggio mensaje	

En el hotel

Vorrei prenotare una camera, per favore.
Quisiera reservar una habitación, por favor.

Siamo in tre.
Somos tres.

Dobbiamo pagare in anticipo?
¿Hay que pagar por adelantado?

Quanto costa la mezza pensione?
¿Cuánto cuesta la media pensión?

Dove si serve la prima colazione?
¿Dónde se sirve el desayuno?

A che ora dobbiamo lasciare libera la camera?
¿A qué hora tenemos que dejar la habitación?

Mi pare che ci sia un errore nel conto.
Creo que hay un error en la factura.

Posso lasciare il mio bagaglio qui fino...?
¿Puedo dejar mi equipaje aquí hasta...?

Buongiorno, signore!
¡Buenos días, señor!

Buongiorno! Ho prenotato una camera singola.
¡Buenos días! He reservado una habitación individual.

Si fermerà solo per una notte?
¿Se quedará sólo una noche?

30

Non lo so ancora. Forse due o tre giorni.
No lo sé todavía. Quizá dos o tres días.

Devo compilare qualche foglio d'ingresso?
¿Debo rellenar alguna hoja-registro de entrada?

Mi faccia portare su il bagaglio, per favore.
Haga subirme el equipaje, por favor.

Per favore, mi svegli alle sette e mezzo.
Haga el favor de despertarme a la siete y media.

Vorrei fare una telefonata.
Quisiera llamar por teléfono.

Ci sono messagi per me?
¿Hay algún mensaje para mí?

Parto domani mattina.
Me voy mañana por la mañana.

Può prepararmi il conto, per favore?
¿Puede prepararme la cuenta, por favor?

Per cortesia, mi chiami un tassì.
Por favor, llame un taxi.

Può raccomandarmi un hotel in centro?
¿Puede recomendarme un hotel en el centro de la ciudad?

Ho una stanza prenotata.
Tengo una reserva.

Non ho prenotato.
No he reservado.

Mi dispiace non essere arrivato prima.
Siento no haber llegado antes.

Avete una camera per questa notte?
¿Tienen una habitación para esta noche?

Vorrei una camera doppia / singola.
Quisiera habitación doble / individual.

Voglio una camera con vista / all'interno.
Quiero una habitación exterior / interior.

Posso vederla, per favore?
¿Puedo verla, por favor?

A che piano è?
¿En qué piso está?

Quanto costa la camera?
¿Cuánto cuesta la habitación?

Non ne ha una più economica?
¿Tiene alguna más barata?

Quanto tempo si fermerà?
¿Cuánto tiempo se quedará?

Penso di fermarmi sei giorni / un mese.
Pienso quedarme seis días / un mes.

C'è la TV / internet in camera?
¿Hay televisión / internet en la habitación?

Il prezzo include l'IVA?
¿El precio incluye el IVA?

Accettate carte di credito?
¿Aceptan tarjetas de crédito?

Da che ora posso occupare la camera?
¿A partir de qué hora puedo ocupar la habitación?

A che ora servite la prima colazione / il pranzo / la cena?
¿A qué hora sirven el desayuno / el almuerzo / la cena?

Vorrei fare la prima colazione in camera.
Quisiera desayunar en mi habitación.

Posso lasciare i miei oggetti di valore nella cassaforte?
¿Puedo dejar mis objetos de valor en la caja fuerte?

L'hotel ha il parcheggio privato?
¿El hotel dispone de aparcamiento privado?

Potrebbe dirmi dove posso noleggiare una macchina?
¿Podría decirme dónde puedo alquilar un coche?

Ho freddo. Mi metta un'altra coperta sul letto, per cortesia.
Tengo frío. Póngame otra manta en la cama, por favor.

Fanno molto rumore, non si può dormire.
Hacen mucho ruido, no se puede dormir.

Vorrei un asciugamano grande per il bagno.
Deme una toalla grande para el baño.

Per cortesía, prendete i miei panni da lavare.
Haga el favor de recoger mi ropa para lavar.

Il più presto possibile.
Lo antes posible.

Parto domattina alle dieci.
Me marcho mañana a las diez.

Potrei lasciare qui le mie valigie fino alle...?
¿Podría dejar aquí mis maletas hasta las...?

Vorrei annullare / confermare / anticipare / posticipare la partenza.
Quisiera anular / confirmar / anticipar / retrasar la salida.

Segunda lección

Una vez se ha llegado al lugar de destino, surgen nuevas situaciones comunicativas que requieren un manejo fluido del italiano. En esta lección se muestran el vocabulario y las frases indispensables para presentarse, pedir una dirección, preguntar horarios, desplazarse por la ciudad sin ningún problema..., junto con una serie de fórmulas de cortesía muy útiles en cualquier circunstancia.

Sesión de mañana
Frases usuales

Vocabulario

grazie gracias	*a più tardi* hasta luego	*sei* seis
prego perdón / de nada	*uno* uno	*sette* siete
scusi disculpe	*due* dos	*otto* ocho
ciao hola / adiós	*tre* tres	*nove* nueve
buongiorno buenos días	*quattro* cuatro	*dieci* diez
buonasera buenas noches	*cinque* cinco	*coperto* cubierto

chiaro claro	*afoso* bochornoso	*tempestoso* tormentoso
nuvoloso nublado	*secco* seco	*rinfrescare* refrescar
piovoso lluvioso		

Frases

Presentaciones

Buongiorno, Signore!
¡Buenos días, señor!

Come sta?
¿Cómo está?

Como si chiama Lei?
¿Cómo se llama usted?

Il mio nome è...
Me llamo...

Bene, molto bene, grazie.
Bien, muy bien, gracias.

E Lei e la sua famiglia?
¿Y usted y su familia?

A presto.
Hasta pronto.

E' stato un vero piacere conoscerLa.
He tenido mucho gusto en conocerle.

Datos personales

Il suo nome e cognome, per favore?
¿Su nombre y apellido, por favor?

Quanti anni ha?
¿Qué edad tiene?

Ho trent'anni.
Tengo treinta años.

Scapolo. Sposato. Vedovo.
Soltero. Casado. Viudo.

Qual è il suo indirizzo?
¿Cuál es su dirección?

Il mio indirizzo è...
Mi dirección es...

Qual è la sua professione?
¿Cuál es su profesión?

Frases de cortesía

Per piacere.
Por favor.

Grazie.
Gracias.

Prego.
De nada.

Mi scusi.
Disculpe.

Buongiorno.
Buenos días.

Buonasera.
Buenas noches.

Arrivederci.
Adiós.

Come sta?
¿Cómo está?

Bene, grazie. E Lei?
Bien, gracias. ¿Y usted?

Horarios

Che ore sono?
¿Qué hora es?

Sono le due precise.
Son las dos en punto.

Sono le quattro e mezzo.
Son las cuatro y media.

È mezzogiorno.
Son las doce del mediodía.

È mezzanotte.
Son las doce de la noche.

A che ora parte il tuo volo?
¿A qué hora sale tu vuelo?

A che ora apre il museo / il ristorante?
¿A qué hora abre el museo / el restaurante?

È aperto la domenica?
¿Abren los domingos?

L'ufficio turismo chiude alle nove meno un quarto.
La oficina de turismo cierra a las nueve menos cuarto.

La banca apre alle otto e un quarto.
El banco abre a las ocho y cuarto.

Il treno parte alle sette meno venti della sera.
El tren sale a las siete menos veinte de la tarde.

Meteorología

Che tempo fa?
¿Qué tiempo hace?

Fa bello
Hace buen día

Qual è la temperatura?
¿Cuál es la temperatura?

Pensa che pioverà / nevicherà?
¿Cree que va a llover / nevar?

Pioveva quando sono uscito.
Llovía cuando salí.

C'è la nebbia.
Hay niebla.

C'è il vento.
Hace viento.

Fa caldo / freddo.
Hace calor / frío.

Qui nevica spesso?
¿Nieva mucho aquí?

Fa troppo freddo per uscire.
Hace demasiado frío para salir.

C'è bel tempo in primavera?
¿Hace buen tiempo en primavera?

Prendo l'ombrello?
¿Cojo el paraguas?

No, non è nuvoloso.
No, no está nublado.

C'è un caldo afoso.
Hace un calor sofocante.

C'è un freddo polare.
Hace un frío intenso.

Sesión de tarde
Desplazamientos urbanos

Vocabulario

autobus	*taxi*	*guida*
autobús	taxi	guía
metropolitana	*biglietto*	*mappa*
metro	billete	mapa

stazione estación	*lontano* lejos	*sempre dritto* recto
fermata parada	*vicino* cerca	*museo* museo
via calle	*davanti* delante	*duomo* catedral
piazza plaza	*dietro* detrás	*teatro* teatro
viale avenida	*destra* derecha	*palazzo* palacio
incrocio cruce	*sinistra* izquierda	*parco* parque
indirizzo dirección		

Frases

En la ciudad

Che orario ha il museo?
¿Cuál es el horario del museo?

Quanto costa l'ingresso?
¿Cuánto cuesta la entrada?

Ha una piantina della città?
¿Tiene un mapa de la ciudad?

41

Quali sono gli edifici da visitare in città?
¿Qué edificios notables hay en la ciudad?

Di che stile è questo edificio?
¿Qué estilo tiene este edificio?

È un palazzo rinascimentale.
Es un palacio renacentista.

In quale secolo è stato costruito?
¿En qué siglo fue construido?

Nel secolo XVI.
En el siglo XVI.

È permesso fotografare?
¿Está permitido tomar fotografías?

C'è lo sconto studenti?
¿Hay descuento para estudiantes?

Dove va Lei?
¿Adonde va usted?

Vado in via / piazza...
Voy a la calle / plaza...

Pedir direcciones

Sto cercando...
Estoy buscando...

Qual è l'indirizzo?
¿Cuál es la dirección?

Come faccio ad arrivare a...?
¿Cómo llego a... ?

42

Prenda la prima via a sinistra.
Tome la primera calle a la izquierda.

Dov'è l'ufficio del turismo?
¿Dónde está la oficina de turismo?

È lontano?
¿Está lejos?

È vicino?
¿Está cerca?

Giri a destra / sinistra dopo il semáforo.
Gire a la derecha / izquierda después del semáforo.

Questo ristorante è lontano da qui?
¿Este restaurante está lejos de aquí?

Come posso arrivare?
¿Cómo puedo llegar?

Scusi, può mostrarmi sulla mappa...?
¿Puede mostrarme en el mapa...?

Dov'è una farmacia?
¿Dónde hay una farmacia?

Continui diritto fino all'incrocio e giri a sinistra.
Siga recto hasta el cruce y gire a la izquierda.

Dove posso acquistare un dolce?
¿Dónde puedo comprar un pastel?

C'è una pasticceria a cinquanta metri.
Hay una pastelería a cincuenta metros.

Allora, vado a piedi.
Entonces, voy caminando.

Transporte urbano

È libero questo tassi?
¿Está libre este taxi?

Può portarmi a...
Puede llevarme a...

Quanto costa il percorso?
¿Cuánto cuesta el trayecto?

Per piacere, si affretti.
Por favor, vaya más rápido.

Prenda la strada più corta.
Vaya por el camino más corto.

Autista, si fermi qui.
Chófer, pare aquí.

Quanto le devo? Tenga pure il resto.
¿Cuánto le debo? Quédese con el cambio.

Dov'è la stazione della metropolitana?
¿Dónde está la estación de metro?

Dove posso comprare il biglietto?
¿Dónde puedo comprar el billete?

A quale stazione devo scendere?
¿En qué estación debo bajar?

Con quale autobus posso arrivare a...?
¿Con qué autobús puedo llegar a...?

Dov'è la fermata dell'autobus?
¿Dónde está la parada de autobús?

Quanto costano due biglietti?
¿Cuánto cuestan dos billetes?

Per piacere, può avvertirmi quando arriviamo?
¿Por favor, me avisará cuando lleguemos?

Ci sono i tram in questa città?
¿Hay tranvía en esta ciudad?

Dove passa il tram numero...?
¿Por dónde pasa el tranvía número...?

Qual è il miglior mezzo di trasporto per andare al Colosseo?
¿Cuál es el mejor medio de transporte para llegar al Coliseo?

La fermata dell'autobus è qui vicino.
La parada de autobús está muy cerca de aquí.

Deve prendere il ventitré.
Debe coger el veintitrés.

C'è un pullman per Firenze?
¿Hay un autocar a Florencia?

A che ora e da dove parte?
¿A qué hora y de dónde sale?

Quanto tempo ci vuole per arrivare?
¿Cuánto tarda en llegar?

Tercera lección

El ocio y las compras suelen ser unas de las ocupaciones más habituales del viajero. En esta lección se recogen las palabras y frases italianas indispensables para ir de tiendas por la ciudad o para sacar entradas para un espectáculo, entre otras muchas actividades, además de un compendio de frases indispensables para ir de *camping* sin dificultades.

Sesión de mañana
De tiendas

Vocabulario

negozio tienda	*fazzoletto* pañuelo	*saldi* rebajas
edicola quiosco	*cintura* cinturón	*ricevuta* recibo
abito vestido	*sciarpa* bufanda	*garanzia* garantía
taglia talla	*portamonete* monedero	*difettoso* defectuoso
spogliatoio probador	*ombrello* paraguas	*bianco* blanco
vetrina escaparate	*avvolgere* envolver	*nero* negro

47

rosso rojo	*verde* verde	*arancione* naranja
blu azul	*grigio* gris	*violetto* violeta
giallo amarillo		

Frases

De compras

Dove posso comprare...?
¿Dónde puedo comprar...?

Vorrei comprare...
Querría comprar...

Quanto costa?
¿Cuánto cuesta?

Me lo può avvolgere?
¿Me lo puede envolver?

Posso servirla?
¿Le puedo ayudar?

Qualcos'altro?
¿Algo más?

Quanto vuole?
¿Cuántos quiere?

Comprando ropa

Mi piace questo vestito.
Me gusta este vestido.

Signorina, avete questo modello soltanto in nero?
Señorita, ¿este modelo sólo lo tiene en negro?

No, signora, lo abbiamo in tre colori.
No, señora, lo tenemos en tres colores.

Posso provarlo in blu?
¿Puedo probarme el azul marino?

Certo. Qual è la sua taglia?
Sí. ¿Qué talla usa?

La 38.
Uso la 38.

Vuole provarlo?
¿Quiere probárselo?

Lo spogliatoio è laggiù.
El probador está allí.

C'è una taglia più grande / piccola?
¿Tiene una talla más grande / más pequeña?

È troppo largo / stretto.
Es demasiado ancho / ajustado.

Quant'è?
¿Cuánto cuesta?

100 euro, ma poi c'è lo sconto del 10 per cento.
100 euros, pero le aplicamos un descuento del 10 por ciento.

È perfetto, sì, lo prendo.
Es perfecto, me lo llevo.

Accettate la carta di credito?
¿Aceptan tarjetas de crédito?

Sì, qualcos'altro?
Sí, ¿desea algo más?

No, nient'altro, grazie.
No, nada más, gracias.

Grazie a Lei. Allora ecco tutto, si accomodi alla cassa.
Gracias a usted. Entonces eso es todo, le cobrarán en la caja.

Comprando zapatos

Cerco delle scarpe.
Busco unos zapatos.

Può farmi vedere il modello che è in vetrina?
¿Puede enseñarme el modelo del escaparate?

Il mio numero è...
Mi número es...

Il colore marrone non mi piace. Vorrei prenderle nere.
El color marrón no me gusta. Los preferiría negros.

Il tacco è troppo alto / basso.
El tacón es demasiado alto / bajo.

Mi stanno un po' strette.
Me aprietan un poco.

Ho i piedi un po' delicati.
Tengo los pies delicados.

La suola è di cuoio, vero?
La suela es de cuero, ¿no?

50

En la joyería

Potrebbe aggiustarmi quest'orologio?
¿Puede arreglar este reloj?

Per piacere, mi mostri degli orologi da polso.
Por favor, enséñeme relojes de pulsera.

Vorrei vedere orecchini / anelli / braccialetti / collane.
Quisiera ver pendientes / sortijas / brazaletes / collares.

Mi piace questo anello, lo prendo.
Me gusta esta sortija, me la quedo.

Me lo potrebbe far avere in Hotel?
¿Podría enviármela al hotel?

En la papelería

Ha dei giornali in spagnolo?
¿Tienen periódicos en español?

Vorrei delle cartoline e dei francobolli.
Quisiera unas postales y sellos.

Ha una cartina stradale?
¿Tiene un mapa de carreteras?

Può consigliarmi una guida di conversazione?
¿Me puede recomendar una guía de conversación?

Vorrei una piantina della città.
Quiero un plano de la ciudad.

Ho bisogno di una biro e carta.
Necesito un bolígrafo y papel.

Dove posso trovare libri di viaggio?
¿Dónde puedo encontrar libros de viaje?

Vorrei un libro di storia della città.
Quiero un libro de historia de la ciudad.

Comprando música

Cerco un CD di...
Busco un CD de...

Voglio una buona registrazione.
Deseo una buena grabación.

Posso ascoltarla qui?
¿Lo puedo escuchar aquí?

Ha la colonna sonora / la partitura di...?
¿Tiene la banda sonora / partitura de...?

Vorrei vedere gli strumenti musicali tipici locali.
Me interesa ver instrumentos musicales locales.

Sesión de tarde
Ocio

Vocabulario		
mercato	*biblioteca*	*cinema*
mercado	biblioteca	cine
castello	*spettacolo*	*opera*
castillo	espectáculo	ópera

52

balletto	*bicicletta*	*campeggio*
ballet	bicicleta	camping
posti	*spiaggia*	*martello*
localidades	playa	mazo
calcio	*sedia a sdraio*	*lanterna*
fútbol	tumbona	linterna
pallacanestro	*sci*	*sacco a pelo*
baloncesto	esquí	saco de dormir
partita	*seggiovia*	*noleggiare*
partido	telesilla	alquilar
risultato	*slitta*	*fiume*
resultado	trineo	río
nuotare		
nadar		

Frases

Visitas turísticas

Vorrebbe indicarmi, per piacere, i luoghi tipici che ci sono in città?
¿Haría el favor de decirme qué lugares típicos hay en la ciudad?

Desiderei visitare il Museo di Arte Contemporanea.
Desearía visitar el museo de Arte Contemporáneo.

Potrebbe indicarmi i giorni e gli orari di visita?
¿Podría indicarme los días y horas de visita?

53

Una guida, per favore.
Una guía, por favor.

Vorrei acquistare il catalogo di questa mostra.
Deseo comprar el catálogo de esta exposición.

Posso fare delle fotografie?
¿Se pueden hacer fotos?

Devo lasciare la mia macchina fotografica?
¿Tengo que dejar mi cámara?

Ci sono sconti per gruppi?
¿Hay descuento para grupos?

Chi ha dipinto questo quadro?
¿Quién ha pintado este cuadro?

Devo pagare per vedere questo parco?
¿Hay que pagar para ver este parque?

Questo palazzo è chiuso per restauri?
¿Este palacio está cerrado por restauración?

Diversiones

C'è qualche spettacolo interessante stasera?
¿Hay algún espectáculo interesante esta noche?

Al cinema c'è una bella programmazione.
En el cine ponen un programa estupendo.

Mi piacerebbe andare al cinema.
Me gustaría ir al cine.

Vuol dirmi, per piacere, a che ora incomincia lo spettacolo?
¿Puede decirme cuándo comienza la sesión?

A che ora finisce?
¿A qué hora termina?

Ci sono posti per questa sera?
¿Hay localidades para esta noche?

Questi vanno bene. Quanto costano?
Me quedo estas. ¿Cuánto cuestan?

Ci sono posti per domani sera?
¿Hay localidades para mañana por la noche?

Vorrei prenotare tre poltrone in platea / in galleria.
Quisiera reservar tres butacas en platea / en anfiteatro.

Vorremmo sedere in terza fila.
Queremos sentarnos en la tercera fila.

Dove sono queste poltrone?
¿Dónde están estas butacas?

Dov'è il guardaroba?
¿Dónde está el guardarropa?

Cosa possiamo fare stasera?
¿Qué podemos hacer esta noche?

Conosci un buon ristorante?
¿Conoces un buen restaurante?

Come potrò andare là?
¿Cómo podré ir allí?

Andiamo a bere qualcosa?
¿Te gustaría ir a beber algo?

Deportes

Dove posso noleggiare una bicicletta?
¿Dónde puedo alquilar una bicicleta?

Quest'oggi c'è qualche partita di calcio?
¿Hay hoy algún partido de fútbol?

Dov'è il campo di gioco?
¿Dónde está el campo de juego?

So che domani vi sarà una corsa di automobili. Potrebbe dirmi dove avrà luogo?
Sé que mañana habrá una carrera de coches. ¿Podría decirme dónde se celebrará?

C'è qualche piscina qui vicino?
¿Hay una piscina cerca?

Dove sono gli spogliatoi?
¿Dónde están los vestuarios?

Posso affittare un armadietto?
¿Puedo alquilar una taquilla?

Che sport preferisci?
¿Qué deporte prefieres?

Quanto costa il giornaliero?
¿Cuánto cuesta el forfait de esquí?

Qual è lo stato delle piste?
¿Cuál es el estado de las pistas?

Posso prendere lezioni?
¿Puedo tomar clases?

Mi piacerebbe andare a cavallo.
Me gustaría montar a caballo.

Qual è la sua squadra preferita?
¿Cuál es su equipo favorito?

Camping

Dov'è il campeggio più vicino?
¿Dónde está el camping más cercano?

Si può piantare la tenda qui?
¿Se puede plantar la tienda aquí?

Possiamo affittare una tenda?
¿Podemos alquilar una tienda?

Dov'è la toeletta?
¿Dónde están los lavabos?

Quanto costa a persona / tenda / roulotte?
¿Cuánto cuesta por persona / tienda / caravana?

L'acqua è potabile?
¿El agua es potable?

Possiamo accendere fuoco?
¿Podemos encender fuego?

Ci sono docce?
¿Hay duchas?

Per cortesia, mi può prestare una lanterna?
Por favor, ¿me puede prestar una linterna?

Dove posso parcheggiare la macchina?
¿Dónde puedo aparcar el coche?

Cuarta lección

Entender la carta en italiano de un restaurante, ir a comprar al mercado o sacar dinero puede resultar difícil para todos aquellos que no dominan esta lengua. Con el objetivo de ayudar al viajero a superar sus obstáculos comunicativos, en esta lección se presenta un listado de palabras y frases muy útiles para desenvolverse fácilmente en el mercado y en el restaurante y solicitar servicios de diverso tipo en los países visitados (en el banco, en correos, en la peluquería...).

Sesión de mañana
A la hora de comer

Vocabulario

panetteria panadería	*marmellata* mermelada	*pesce* pescado
salumeria charcutería	*formaggio* queso	*sogliole* lenguado
latte leche	*antipasto* entremeses	*merluzzo* merluza
pane pan	*carciofi* alcachofas	*legumi* legumbres
burro mantequilla	*zuppa* sopa	*ceci* garbanzos

59

piselli guisantes	*maiale* cerdo	*pesca* melocotón
arrosto asado	*frutta* fruta	*arancia* naranja
costolette costillas	*mela* manzana	*gelato* helado
agnello cordero		

Frases

En el mercado

Dov'è un supermercato?
¿Dónde hay un supermercado?

Avete frutta e verdura?
¿Tienen verduras y frutas?

Che cosa desidera?
¿Qué desea?

Vorrei quattro etti di carne di pollo.
Quiero 400 g de carne de pollo.

Qualcos'altro?
¿Alguna cosa más?

Vorrei un pacchetto di riso e una scatola di tonno.
Quisiera un paquete de arroz y una lata de atún.

Mi dia una bottiglia / una lattina di birra.
Déme una botella / una lata de cerveza.

Mi dia un chilo di uva.
Póngame un kilo de uva.

È troppo matura / un po' acerba.
Está demasiado madura / un poco verde.

En el restaurante

Volevo prenotare un tavolo per due persone.
Quería reservar una mesa para dos personas.

Mi dispiace, siamo al completo.
Lo siento, está completo.

C'è un buon ristorante qui vicino?
¿Hay algún buen restaurante aquí cerca?

Si può passare nella sala da pranzo?
¿Se puede pasar al comedor?

Dove possiamo sederci?
¿Dónde podemos sentarnos?

Cameriere, mi può portare il menù, per favore?
Camarero, ¿me puede traer el menú, por favor?

Avete la carta dei vini?
¿Tienen la carta de vinos?

Ci serva prima degli antipasti assortiti.
Sírvanos primero unos entremeses variados.

Come primo vorrei...
De primer plato quisiera...

61

Di secondo prenderò...
De segundo tomaré...

Vorrei una bottiglia di vino rosso e anche dell'acqua minerale non gassata.
Quisiera una botella de vino tinto y también agua mineral sin gas.

Per favore, mi porterebbe formaggio grattugiato?
Por favor, ¿podría traerme queso rallado?

Ci serva il dessert.
Sírvanos los postres.

Vogliamo il tiramisù e la torta di mele.
Queremos tiramisú y tarta de manzana.

Poi ci porti il caffè.
Después tráiganos café.

Cameriere, il conto, per favore.
Camarero, la cuenta, por favor.

Può consigliarmi un ristorante?
¿Puede recomendarme un restaurante?

Dove possiamo trovare specialità tipiche?
¿Dónde pueden encontrarse especialidades locales?

Ho un tavolo prenotato a nome di...
Tengo una mesa reservada a nombre de...

Cameriere, vorremmo un tavolo vicino alla finestra.
Camarero, desearíamos una mesa junto a la ventana.

Possiamo occupare quel tavolo?
¿No podemos ocupar aquella mesa?

Va bene questo tavolo?
¿Está bien esta mesa?

Sì, va benissimo.
Sí, es perfecta.

È ancora possibile mangiare?
¿Podemos comer todavía?

Cameriere, ci serva il menù fisso.
Camarero, sírvanos el cubierto.

Ci può consigliare qualcosa di speciale?
¿Puede aconsejarnos algo especial?

Qual è il vostro piatto del giorno?
¿Cuál es el plato del día?

Ecco il menù.
He aquí la carta.

Che cosa mi consiglia?
¿Qué me aconseja usted?

Sono a dieta.
Estoy a régimen.

Sì, zuppa di vongole per noi due.
Sí, sopa de almejas para dos.

Scaloppine al limone e triglie alla livornese.
Escalopines con limón y salmonetes a la livornesa.

Di contorno, zucchine fritte e carciofi in pastella.
De guarnición, calabacines fritos y alcachofas rebozadas.

Acqua minerale gassata e una birra.
Agua con gas y una cerveza.

63

Una bottiglia piccola di vino rosso e una di bianco.
Una botella pequeña de vino tinto y otra de blanco.

Cameriere, un bicchiere, per favore.
Camarero, un vaso, por favor.

Mi porti olio e aceto, per piacere.
Tráigame aceite y vinagre, por favor.

Che cosa vogliono di dessert?
¿Qué les apetece de postre?

Mi porti torta al cioccolato.
Tráigame tarta de chocolate.

Lo stesso anche per me.
Lo mismo para mí.

Tutto bene?
¿Todo bien?

Benissimo! Ci porti il conto, per favore.
¡Muy bien! Tráiganos la cuenta, por favor.

Sesión de tarde
Servicios

Vocabulario

soldi dinero	*sportello automatico* cajero automático
carta di credito tarjeta de crédito	*posta* correos

lettera carta	*macchia* mancha
busta sobre	*stirare* planchar
cartolina postale tarjeta postal	*cerniera lampo* cremallera
francobollo sello	*cucire* coser
fermo posta lista de correos	*bottone* botón
parrucchiere peluquero	*occhiali* gafas
fare la barba afeitar	*ombrello* paraguas
tagliare cortar	*valigetta* maletín
tintura tinte	*macchina fotografica* cámara fotográfica
messa in piega marcar	
lavanderia lavandería	
tintoria tintorería	

En el banco

Dov'è lo sportello automatico più vicino?
¿Dónde está el cajero más cercano?

Quando apre la banca?
¿A qué hora abre el banco?

Devo cambiare dei travelers' cheque.
Tengo que cambiar cheques de viaje

Mi può cambiare in moneta, per favore?
Por favor, ¿puede darme cambio?

Dove posso ritirare dei soldi?
¿Dónde puedo sacar dinero?

Ho dimenticato il mio pin.
He olvidado mi contraseña.

Lo sportello automatico ha trattenuto la mia carta.
El cajero automático ha retenido mi tarjeta.

Può dirmi se è stato ricevuto un trasferimento da...?
¿Puede decirme si ha llegado una transferencia de...?

C'è un problema con il mio conto.
Hay un problema con mi cuenta.

Dove devo firmare?
¿Dónde tengo que firmar?

En correos

Dov'è il fermo posta?
¿Dónde está la lista de correos?

C'è posta per me?
¿Hay correo para mí?

Vorrei spedire un pacco postale a Torino.
Deseo enviar un paquete a Turín.

A quale sportello devo rivolgermi?
¿A qué ventanilla debo dirigirme?

Vorrei incassare questo vaglia postale.
Quisiera cobrar este giro postal.

Vorrei una busta e un francobollo.
Quisiera un sobre y un sello.

Vorrei spedire un telegramma all'estero.
Quisiera enviar un telegrama al extranjero.

Quanto costa per parola?
¿Cuánto cuesta por palabra?

En la peluquería

Vorrei farmi la barba.
Deseo un afeitado.

Dovrò aspettare molto?
¿Tendré que esperar mucho?

Ho fretta.
Tengo prisa.

Mi spunti un po' i capelli.
Córteme sólo las puntas.

Desidero i capelli un po' corti.
Quiero el pelo un poco corto.

Mi sistemi i baffi.
Arrégleme el bigote.

Vorrei lavare capelli e fare una messa in piega.
Quiero lavar y marcar.

Desidero tingermi i capelli.
Quiero teñirme.

Dello stesso colore?
¿Del mismo tono?

No, un po' più scuro.
No, un poco más oscuro.

L'acqua è troppo fredda / calda.
El agua está demasiado fría / caliente.

En la lavandería

Può togliere questa macchia di vino?
¿Puede quitar esta mancha de vino?

Queste macchie non si possono togliere.
Estas manchas no se pueden quitar.

Ho bisogno di questa gonna / camicetta / giacca per domani.
Necesito esta falda / blusa / chaqueta para mañana.

Quando sarà pronto?
¿Cuándo estará listo?

Può cucire i bottoni?
¿Puede coser los botones?

Questa manica è rotta, può cucirla?
Esta manga está rota, ¿puede coserla?

Questo soprabito non è mio.
Este abrigo no es mío.

Può stirare le camicie?
¿Puede planchar las camisas?

Può riparare questa cerniera lampo?
¿Puede arreglar esta cremallera?

Buscando objetos perdidos

Ieri sera ho perso miei occhiali.
Ayer por la noche perdí mis gafas.

Ho dimenticato il mio ombrello nel ristorante.
Olvidé mi paraguas en el restaurante.

Ho perso la chiave della mia camera.
He perdido la llave de mi habitación.

Qualcuno ha trovato una macchina fotografica nella sala da pranzo?
¿Alguien ha encontrado una cámara fotográfica en el comedor?

Ho dimenticato dove ho parcheggiato la mia macchina.
He olvidado dónde aparqué mi coche.

Non trovo il mio ingresso.
No encuentro mi entrada.

Lei ha visto una valigetta nera?
¿Ha visto un maletín negro?

Quando la lasciò?
¿Cuándo lo dejó?

Due ore fa.
Hace dos horas.

Nessuno mi ha detto nulla. Lei ha chiesto al receptionist?
Nadie me ha dicho nada. ¿Le ha preguntado al recepcionista?

Sì, ma non sa nulla.
Sí, pero no sabe nada.

Mi dispiace, Signora.
Lo siento, señora.

Quinta lección

Durante un viaje es posible que se produzcan situaciones de emergencia en las que superar las barreras de la comunicación resulte todavía más indispensable. En esta lección se muestra una completa selección del vocabulario y las frases en italiano más adecuados para salir airoso de cualquier apuro; por ejemplo, para poner una denuncia en la comisaría, explicar la avería del coche al mecánico o entender las prescripciones del médico. Y, para finalizar, se ofrece una serie de términos y frases que ayudarán al viajero a hacerse entender perfectamente a la hora de pedir información, resolver dudas y superar dificultades en el momento de efectuar una llamada de teléfono.

Sesión de mañana
En apuros

Vocabulario

commissariato comisaría	*meccanico* mecánico
rapina robo	*veicolo di autosoccorso* grúa
denuncia denuncia	*assicurazione* seguro
avaría avería	*pneumatico* neumático

73

benzina gasolina	*stomaco* estómago
ospedale hospital	*allergia* alergia
emergenza urgencias	*ricetta* receta
medico médico	*pillola* píldora
malato enfermo	*antibiotico* antibiótico
ferito herido	*antinfiammatorio* antiinflamatorio
brividi escalofríos	*dentista* dentista
testa cabeza	*mal di denti* dolor de muelas
gola garganta	

Frases

En la comisaría

Potrebbe aiutarmi, per favore?
¿Podría ayudarme, por favor?

Dov'è il commissariato?
¿Dónde está la comisaría de policía?

Mi hanno derubato.
Me han robado.

Ha tentato di derubarmi.
Ha intentado robarme.

Posso utilizzare il telefono?
¿Puedo usar el teléfono?

Si tratta di una emergenza!
¡Es una urgencia!

Chiami la polizia!
¡Llame a la policía!

Desidero denunciare un furto.
Quiero denunciar un robo.

Problemas con el coche

La mia macchina ha subito un guasto.
Mi coche se ha averiado.

La macchina non si mette in marcia.
El coche no arranca.

I fari non si accendono.
Los faros no se encienden.

Ho bisogno di un meccanico.
Necesito un mecánico.

C'è bisogno di caricare la batteria.
Es necesario cargar la batería.

Lei ha dei cavi per la batteria?
¿Tiene cables para la batería?

Ho bisogno di qualcuno che mi spinga.
Necesito que alguien me empuje.

Sono rimasto senza benzina.
Estoy sin gasolina.

L'avviamento non funziona bene.
El arranque no funciona bien.

Si sente un rumore strano.
Se escucha un ruido raro.

Mi regoli la guida / i freni.
Arrégleme la dirección / los frenos.

Il motore non sviluppa tutta la sua potenza.
El motor no alcanza toda su potencia.

Le candele sono sporche.
Las bujías están sucias.

Questo pezzo è difficile da trovare.
Esta pieza es difícil de encontrar.

Quanto tempo ci vorrà?
¿Cuánto tiempo tardará?

En la farmacia

Dov'è una farmacia?
¿Dónde hay una farmacia?

Può consigliarmi qualcosa per la stitichezza?
¿Puede recomendarme algo para el estreñimiento?

Prenda queste pillole.
Tome estas pastillas.

Quante volte al giorno?
¿Cuántas veces al día?

Possono causare sonnolenza?
¿Pueden producir somnolencia?

Ho bisogno della ricetta per...?
¿Necesito una receta para...?

Avete delle aspirine per un bambino di cinque anni?
¿Tiene aspirinas para un niño de cinco años?

Qual è la dose per un bambino piccolo?
¿Cuál es la dosis para un niño pequeño?

Sono allergico agli antibiotici.
Soy alérgico a los antibióticos.

Ho bisogno di cerotti / una pomata per le punture.
Necesito tiritas / una pomada para las picaduras.

Problemas de salud

Non sto bene. Faccio fatica a muovermi.
No me encuentro bien. Tengo dificultad para moverme.

Di notte non riesco a dormire.
Por la noche no puedo dormir.

Ho la nausea / brividi / senso di vertigine.
Tengo náuseas / escalofríos / sensación de vértigo.

Sono vaccinato contro il tetano.
Estoy vacunado contra el tétanos.

Buongiorno, sono il signor Garcia. Non sto bene. Vorrei farmi vedere un dottore.
Buenos días, soy el señor García. No me encuentro bien. Querría ver a un médico.

Subito, signore.
Enseguida, señor.

Dove Le fa male?
¿Dónde le duele?

Mi fa male la testa e lo stomaco. Ho anche molte macchie rosse sulla pelle, vede?
Tengo dolor de cabeza y de estómago. También tengo muchas manchitas rojas en la piel, ¿ve usted?

Cosa ha magiato ieri sera?
¿Qué comió ayer por la noche?

Funghi, carne...
Setas, carne...

Evidentemente si tratta di una reazione allergica.
Evidentemente se trata de una reacción alérgica.

Prenda questa medicina tre volte al giorno per due giorni.
Tome este medicamento tres veces diarias durante dos días.

La rigrazio, dottore.
Se lo agradezco.

Buongiorno!
¡Buenos días!

En la óptica

Vorrei un paio di occhiali da sole.
Quisiera unas gafas de sol.

Desidero un vetro più scuro.
Desearía un cristal más oscuro.

Mi potete riparare gli occhiali?
¿Pueden arreglar mis gafas?

Quando posso ritirarli?
¿Cuándo puedo pasar a recogerlas?

Sesión de tarde
Comunicación

Vocabulario

capire comprender	*quando* cuándo
sapere saber	*a che ora* a que hora
dire decir	*dove* dónde
vorrei quería	*perché* por qué
come cómo	*chi* quién

79

quale cuál	*elenco telefonico* guía de teléfonos
quanti cuántos	*scheda ricaricabile* prepago
telefono teléfono	*telefono cellulare* móvil
chiamare llamar	*caricabatterie* cargador
prefisso prefijo	*tariffa* tarifa
comporre marcar	*rete* red
pronto diga	*computer* ordenador
scheda telefonica tarjeta telefónica	

Frases

Pedir información

Non riesco a trovare / vedere / capire.
No puedo encontrar / ver / entender.

Vorrei sapere...
Me gustaría saber...

Mi può dire / aiutare?
¿Puede decirme / ayudarme?

Può dirmi quando arriviamo a...?
¿Me puede decir cuándo llegamos a...?

Dove posso comprare un biglietto?
¿Dónde puedo comprar un billete?

Quant' è?
¿Cuánto es?

Quanto dura il viaggio?
¿Cuánto dura el viaje?

Lo sa perchè il treno arriva in ritardo?
¿Sabe por qué el tren llega con retraso?

Quanti treni ci sono ogni giorno?
¿Cuántos trenes hay cada día?

Per quanto tempo sarà in viaggio?
¿Cuánto tiempo va a estar de viaje?

Avrebbe la gentilezza di dirmi...?
¿Tendría la amabilidad de decirme...?

Quanto tempo c'è da aspettare?
¿Cuánto tiempo hay que esperar?

Posso chiederLe un favore?
¿Puedo pedirle un favor?

È molto gentile.
Es muy amable.

Posso aiutarla?
¿Le puedo ayudar?

Teléfono e internet

Mi potrebbe dire qual è il numero di...?
¿Podría decirme cuál es el número de...?

Vorrei chiamare questo numero.
Quisiera llamar a este número.

C'è un telefono pubblico qui vicino?
¿Hay un teléfono público aquí cerca?

Qual è il prefisso per...?
¿Cuál es el prefijo para...?

È caduta la linea.
Se ha cortado.

Il numero è occupato.
Está comunicando.

Qual è il suo numero telefonico?
¿Cuál es su número de teléfono?

Il mio numero è...
Mi número es...

Dov'è la cabina telefonica più vicina?
¿Dónde está la cabina de teléfono más cercano?

Una scheda telefonica da 5 euro, per piacere.
Una tarjeta telefónica de 5 euros, por favor.

Ha un elenco telefonico?
¿Tiene un listín de teléfonos?

Vorrei fare una telefonata con addebito al destinatario.
Quisiera hacer una llamada a cobro revertido.

Chi parla?
¿Quién llama?

Ciao. Sono...
Hola. Soy...

Potrei parlare con...?
¿Puedo hablar con...?

No, lui / lei non c'è.
No, él / ella no está.

Posso lasciare un messaggio?
¿Puedo dejar un mensaje?

Chiamerò più tardi.
Llamaré más tarde.

Dica che ho telefonato.
Dígale que he llamado.

Aspetto una telefonata.
Espero una llamada.

Vorrei un caricabatterie per il mio cellulare.
Quisiera un cargador para mi móvil.

Ho un cellulare con scheda ricaricabile.
Tengo un móvil de tarjeta.

Quali sono le tariffe?
¿Cuáles son las tarifas?

Dov'è l'internet caffè più vicino?
¿Dónde está el cibercafé más cercano?

Vorrei utilizzare un computer.
Quisiera utilizar un ordenador.

Ho bisogno di collegarmi ad internet.
Necesito conectarme a internet.

Vorrei utilizzare uno scanner.
Quisiera utilizar un escáner.

Ho bisogno di una stampante.
Necesito una impresora.

Qual è il prezzo per ora?
¿Cuánto cuesta por hora?

Avete dei Mac / PC?
¿Tienen Macs / PCs?

Posso copiare un CD?
¿Puedo copiar un CD?

Vorrei consultare la mia email.
Desearía consultar mi correo electrónico.

Ho dimenticato la mia password.
He olvidado mi contraseña.

Mi aiuti a scegliere lo spagnolo come lingua principale.
Ayúdeme a elegir el español como lengua principal.

Voglio consultare il sito web dell'hotel...
Deseo ver la página web del hotel...

www.ingramcontent.com/pod-product-compliance
Lightning Source LLC
LaVergne TN
LVHW021118080426
835509LV00021B/3429